ほんま
きよこ

むらのしばいごや

明治座《めいじざ》さーん

本間 希代子

風媒社

きっこちゃんが
さんぽをしていると
きっこちゃん
きっこちゃん
と よぶこえが します

わし　じゃよ
わし　じゃよ
なかで　やすんで
いかんかね

わあ
ひろーい

はっはっは
わしの ふとい
うでの おかげ
じゃよ

わしのうでは
やまいちばんの
もみのき
じゃった

〽エーンヤラ
ヨーイサヤレー
ソリャヨイ
ソリャヨイ

きやりおんどに
あわせて
みんなで　ひいても
ちょっとしか
うごかんかった

木遣《きやり》り…大木や岩を大勢で運ぶときにうたう

こどもたちも
いしはこびを てつだったし
むすめたちは
ひきまく を おくってくれた
じいさんたちは
やねいたを へいだよ

引き幕には、屋号（家の名前）と娘の名前が入り、娘引き幕とよばれています

とうとう
いちねんもせんうちに
できあがってな
こけらおとしは
たびやくしゃの
しばいを
やったんや

団 弁論大会
むらの ひとたちも
いろいろ
やったよ
あっ きつねだ
はっはっは
ここに すんでいる
きつね じゃ
ついていって
ごらん

加子母青年団第

ははは
しばいが
はじまるよ

ここは　ならく

おじさん
なにしてるの？

まわりぶたいを
まわして　いるんだ
よいしょ
よいしょ

奈落《ならく》…劇場の舞台や花道の下の空間

回り舞台《まわりぶたい》…舞台中央の床を円く切り抜き
回転させることで場面転換をする装置

すぽん と
スッポン から
でられた
きゃくせき に
ぎゃくもどり

あれ
そとから
いいにおいが
してきたよ

スッポン
花道の七三の位置にある切り穴。歌舞伎では妖怪や幽霊が登場するときに使われる

おいしそうだなあ
あたし
おなかへってきちゃった

でもな
かなしいことも
あったよ

せんそうのときは
ぐんたいの
そうこに なってな
むらの わかい ひとたちも
へいたいに いってしまった
わしは ボロボロに
なってしまったよ

えいがで
にぎわっとったけど

みんなのうちに
テレビが きたときもな
ここへは だあれも
こなくなった

ながいこと
ひとりぼっち
だったんや

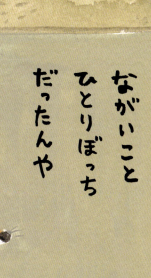

せんそうの あとも
テレビ が きたとき も
こわされそうに
なったんや
けどもな
「めいじざは
だいじに まもってきた
たからものや
やっぱり
のこそう」
そう いってくれた
ひとが おって
たすかったんや

むらのひとが あつまって
いっしょうけんめい
なおしてくれたよ
わしゃ
うれしかったの
なんのって

いまでは
むらの おとなも こどもも
かぶき をやるし
クラシックコンサートも
だいにんき なんじゃ

あぶない ところも
しっかり なおして
もらった ばかり
まだまだ
げんきや
はっはっは

また　くるね！
きっこちゃんは
てをふると
おうちへ
かえりました

　明治二十六年（一八九三年）十二月、岐阜県恵那郡加子母村（今の中津川市加子母）で明治座の建設が始まりました。この頃、お芝居は大人気の娯楽で、近くの村々でも次々としばいごやが誕生しました。加子母の人々も、真冬の山から自分たちで大木を伐り出し、若い男も女も、そしておじいちゃんおばあちゃんやこどもまで、みんなが力を合わせて大工さんたちの仕事を一所懸命に助けました。

　約一年後、立派な木組みの、広々とした自慢のしばいごやが出来上がりました。そして十二月の寒い日に、八百人もの人々が集まると、皆でこけらおとしのおしばいを楽しみ、完成を喜び合ったのでした。

　それから明治座は、明治、大正、昭和、平成と四つの時代を村人とともにたくましく生き続けてきました。近くの村のしばいごやが、時代の変化とともに、一つ、また一つと消えて行く中、明治座は、人々の思いに支えられて、いくども危機を乗り越えてきたのです。

　そして平成二十七年、加子母の人たちが得意な、昔ながらの木の技術を活かして、平成の大修理が行われました。また明治の昔と同じ姿によみがえったのです。かつてこの地方の風景の主役だった板葺き石置き屋根が、再び、加子母の山並みに美しく映えています。

　いく世代にもわたって木を育ててきた加子母の人々。厳しいけれど生きがいに溢れた山の生活の中で明治座は生まれ、大切にされてきました。先人の思いがたくさん詰まった明治座。村人みんなで守ってきた歴史。世代を超えて共感する物語がそこにあります。激動の時代を生き抜き、村の暮らしを見守ってきた明治座は、私たちが忘れかけていたこと、忘れてはいけないこと、親から子へ、子から孫へと語り伝えていくべき大切なことを教えてくれます。

　みんなで子どもたちを大切に包みこみ、自然と生きることを大切にする世界への共感が広がっていくことを祈って、この絵本を若いお母さんやお父さんに託します。

明治座《むらのしばいごや》さーん　舞台裏こぼればなし

物語の主人公である明治座は、平成27年秋、40年ぶりの大規模な改修を終えました。創建から二度、大きな存続の危機を乗り越えてきた明治座が、この改修によって、また次の世代へとしっかり受け継がれていく道筋がつけられたのです。この大修理を機に、加子母の人々がこれまで親から子へと少しずつ語り継いできた明治座についてのたくさんの証言を集めて、この絵本は描かれました。次の世代のこどもたちに、先人の苦労や喜びを一つの物語として語り伝えていくためです。物語を彩るいくつかの場面の舞台裏を、ほんの少しだけお目にかけましょう。

まずは、案内役のキツネをご紹介しましょう

物語のキツネにはモデルがいます。昭和40年代半ば、明治座の床下にはキツネの一家が住んでいました。その様子は、ほほえましい光景として昭和 47 年に「キツネが今晩は」の見出しで中日新聞に掲載されました。後に床下はふさがれましたが、平成の大修理で床板を外すと、よく顔を覗かせていた場所のそばに巣穴の跡がありました。修理後の明治座は、キツネがまた帰って来るようにと床下をあけてあります。

■ 子ギツネ（梅田周作さん撮影）

創建の頃：古い記録・こどもたちの石運び・娘引き幕

明治座には、建築の記録簿や買物帳など、創建当初からの古文書がたくさん残されています。こうした記録から、建設に 2200 人もの村人が労働奉仕をしたこと、大工や木挽きら約 950 人が建設に携わったこと、こけら落としの芝居に 800 人もが訪れたことなど、当時の様子が今も活き活きとわかるのです。壊されてしまった近隣のしばいごやでは、こうした貴重な記録も、そのほとんどが建物の解体とともに失われてしまいました。

明治座は、建設の発起から１年足らずの短期間で完成しましたが、その裏には、村人あげての協力がありました。こどもたちも、柱の土台にする石を 1km ほど離れた河原から運ぶ手伝いをしました。石には大きさに応じた駄賃の額が墨で書いてあったそうです。石は、「イナワという一本の縄だけで、こんな風にして背負った」と熊澤和之さんが詳しく教えてくれました。熊澤さんは、元加子母村の助役を務め、明治座の運営に深く関わってきました。加子母には、古い文書が残るだけではなく、先祖代々語り伝えられてきた話もたくさんあるのです。大木を山から曳いた際にも、100 人以上が力を合わせて、ようやく二寸（約 6cm）ほどしか動かなかった、あるいは、山道からやっと本道まで来たものの、15m もの木は方向転換するのも大変な苦労だったなど、伝え聞いた話を、きっこちゃんのおじいちゃんやおばあちゃん世代の人々が、今、孫の世代に積極的に伝えていこうとしています。

■ 石運びの実演説明（熊澤和之さん）

明治座には、青地の木綿に色鮮やかな模様を散らした、とてもきれいな幕がかかっています。明治 27 年に明治座が建てられてから、ずっとその舞台を飾ってきました。この引き幕は、当時盛んだった製糸業で働いていた村の若い娘さんたちが、おこづかいを出し合って、明治座ができたお祝いに、名古屋の染物屋さんで作らせたものです。その由来から娘引き幕と呼ばれています。この物語の主人公のきっこちゃんは、今、5才。きっこちゃんのちょうど6世代前のおばあちゃんたちが、まだ 15、6 才の頃の出来事です。一人一人の娘さんたちの名が、それぞれに工夫をこらした 75 人分 75 個の模様の中に染められています。苗字と名前ではなく、屋号と名が書かれています。この地方では、どの家にも屋号があるのです。

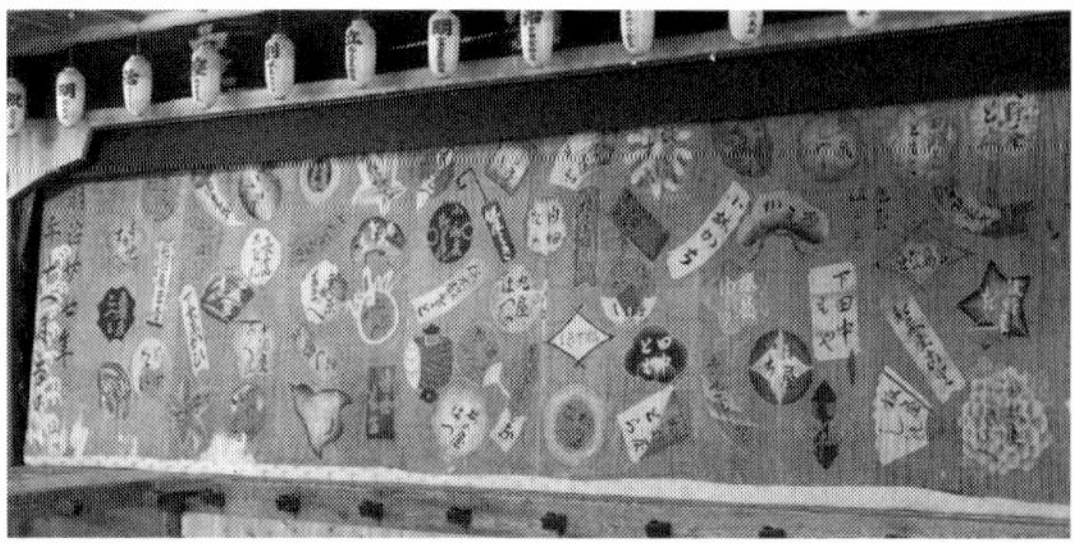

調査・構成：名古屋工業大学 建築・デザイン工学科 藤岡研究室〔藤岡伸子・日高史帆・蔵野洋美・佐野智哉・大久保侑哉・齋藤拓磨〕

明治座をめぐる出来事

元号	区分		日本社会の動向	明治座・加子母の出来事 事業・組織・公演	明治座・加子母の出来事 明治座利用例
明治	第一期 創建期 M26~	I 明治座創建	M27 日清戦争（M28 終結） M37 日露戦争（M38 終結）	M26 創建発起・工事着手 M27 竣工 「明治座管理規定」制定 こけら落とし	●地芝居・興業芝居（ともに歌舞伎が主）
大正 昭和		II 用途の多様化	T3 第一次世界大戦 T7 第一次大戦 終結 T9 日本初のメーデー T11 全国水平社結成 T14 普通選挙法 治安維持法 ●大正デモクラシー S4 世界恐慌 S6 満州事変 S11 二・二六事件 S12 日中戦争 S13 国家総動員法 S14 第二次世界大戦 勃発 S16 太平洋地域に戦線拡大	T9 最初の屋根葺き替え （板葺き石置き屋根→瓦屋根） S7 明治座最後の地芝居 （以降地芝居の記録なし）	●無声映画 ●政談演説・青年団の弁論大会 ●発声映画 ●興業芝居（歌舞伎・剣劇他）
	第二期 停滞期 S19~	III 戦中			軍需品の倉庫（S19~20）
		IV 戦後復興	S20 第二次世界大戦 終結 S25 文化財保護法 制定	S21 明治座保護会結成 S23 沢村訥子・中村芝鶴一行公演 （松竹歌舞伎） S26 守田勘弥・沢村訥子一行公演 （松竹歌舞伎）	●発声映画 ●青年大会・小中学生演芸大会 ●興業芝居（歌舞伎他）
		V 農村舞台の衰退	●高度経済成長 S29~ S34 伊勢湾台風 S35 池田勇人内閣の 国民所得倍増計画 S39 東京オリンピック S43 文化庁の設置	S35 加子母最後の地芝居 （祭礼の際、公民館にて） （S48 加子母歌舞伎復活以前） S38ごろ 明治座最後の歌舞伎 （S48 加子母歌舞伎復活以前）	利用されず
平成	第三期 再興期 S45~	VI 明治座再興	S45 農村舞台の調査 S47 田中角栄の 日本列島改造論 S48 第1次オイルショック S54 第2次オイルショック S61 バブル景気の始まり （H3まで）	S45 文化財精査対象となる S47 岐阜県重要有形民俗文化財 に指定 S48 二度目の屋根葺き替え （瓦屋根→セメント瓦屋根） 加子母村歌舞伎愛好会 発足 第1回加子母歌舞伎公演 S49 加子母村歌舞伎保存会に改称 S50 岐阜県日日賞教育文化賞受賞 （加子母歌舞伎） S53 岐阜県芸術文化顕彰受賞 （加子母歌舞伎）	●音楽バンドコンサート S48~S52 ●郷土芸能を楽しむ会 S47~H3 ●地芝居（歌舞伎） S48~
		VII 明治座の持続的活用へ	H7 阪神淡路大震災 H17 愛知万博 H20 リーマンショック H23 東日本大震災	H7 「森の交流大使事業」 H9 「山村芸術振興事業」 アトリエ村建設 H10 第1回クラシックコンサート H14 明治座活用委員会 発足 実験的通年開館 開始 H17 加子母村が中津川市と合併 H26 加子母明治座耐震改修 検討委員会 設置 H27 耐震改修・屋根の葺き替え （創建時の板葺き石置屋根への復原）	●通年開館 H14~ ●クラシックコンサート H10~ 平成の大改修

危機の時代から未来へ

第二次世界大戦中に、軍需品倉庫にするため枡席が撤去された明治座は、戦後、加子母の人々の手に戻ったものの、そのままではもう使えないほどひどく傷んでいました。途方に暮れて、もう壊そう、との声もあったそうです。しかし、あきらめずに明治座の復興を話合い、昭和21年に「明治座保護会」を結成すると、村人の寄付と奉仕によって修理されることになりました。その後、青年団活動で演劇や音楽もさかんになり、映画の全盛時代には、映画上映もできるよう映写室も作られました。そして、村一番の社交場として人々に愛されるようになったのです。

しかし、高度経済成長期の社会変化の中で、若者の都市への流出や、テレビの普及による娯楽の変化によって、他のしばいごや同様、明治座も衰退の一途をたどりました。昭和30年代末には、愛知県の「博物館 明治村」への寄贈も提案されましたが、すでに呉服座を持っていた明治村は、受け入れを断りました。

昭和43年に文化庁が発足し、文化財調査が始まりました。文化財としてのしばいごやの価値に初めて注目が集まったのです。明治座は、昭和47年に岐阜県重要有形民俗文化財に指定され、10年ほど途絶えていた歌舞伎も再開することとなりました。昭和48年、明治座は、再び住民総出の奉仕によって屋根の葺き替えが行われました。この時以来、加子母歌舞伎公演は、一度も途絶えることなく続き、毎年9月の第1日曜日には、たくさんのお客さんが訪れています。

■住民による屋根葺き（梅田周作さん撮影）

歌舞伎やイベントがない日にも、明治座はいつも戸を開けて新しい出会いを待っています。美しい山々を背景にした明治座の姿や、娘引き幕、回り舞台、花道など、間近に見て、触れて、山村文化の豊かさを感じ取って下さい。そして、広々とした畳敷きの客席にのんびりと座って、歌舞伎の日の賑わいや、明治座がずっと見守ってきた山里の暮らしに思いをめぐらせてみてください。いつも忘れがちな自然への温かい思いに、きっと気付かされることでしょう。

本間希代子（ほんま・きよこ）
画家・イラストレーター。
一九七三年、名古屋生まれ。名古屋芸術大学美術学部絵画科洋画専攻卒業。
一九九七年、岐阜県森林山村文化研究員（森の交流大使）として岐阜県加子母村に赴任。任期満了後、二〇〇一年より加子母で制作するかたわら、加子母歌舞伎保存会の役者として明治座の舞台にたつ。

むらのしばいごや　明治座さーん

二〇一六年五月二十日　第一刷発行

著　者　本間希代子
発行者　山口章
発行所　風媒社
　名古屋市中区上前津二―九―一四　久野ビル
　電話〇五二―三三一―〇〇〇八
　http://www.fubaisha.com/
印刷・製本　シナノパブリッシングプレス
ISBN978-4-8331-5305-8
装丁：本間希代子／構成：藤岡伸子